AF176226

Philip Bartetzko
Durch Nebelschwaden

Gedichte

Bibliografische Information der Deutschen Nationalbibliothek: Die Deutsche Nationalbibliothek verzeichnet diese Publikation in der Deutschen National-bibliografie; detaillierte bibliografische Daten sind im Internet über dnb.dnb. de abrufbar.

ISBN 9783755761099

Herstellung und Verlag: BoD – Books on Demand, Norderstedt

Lektorat: Marta Kubis
Satz und Layout: Benjamin Lasseur
Coverdesign: Benjamin Lasseur

Für meine Familie

Inhalt

Teil I: Unser Leben

Teil II: Meine Träume

Teil I: Unser Leben

Schreiben

Abends am Schreibtisch

Hier sitze ich abends nun,
Blick in weite Ferne, schreibe.
Sicher am Schreibtisch,
Wo Gedanken fliegen
Und Träume entstehen.
Hier, mit mir und ganz allein:
Seh all die langen Wege,
Die eisernen und harten,
Wo still die Leisen warten,
Auf ein helles, warmes Licht
In dunklen Pfaden –
Und ich spüre,
Fühle Schmerz in der Kunst –
Vielleicht auch Meine Gunst –
Kann die Triebe in mir
Endlich verstehen.

Doch welchen Weg,
Aus all den jenen,
Werde ich wohl gehen?
Was wartet auf mich morgen? –
Werde mich auch weiter sehen,
Mit innerlicher Regung –
In nächster Zeit geborgen.
Ob irgendwo,
In diesen Welten
Jemand wartet,
Jene suchende Seele
Auf verändernde Begegnung. –
Wahrhaftig Zueinanderfinden –
Nach langer Suche reine Segnung.

All das Hoffen,
Ständig warten
Auf großes Glück
Und richtig starten –
Kanns hier entstehen?
Denn noch sitze ich bloß hier,
Ohne Zaubermantel – und schreibe.
Wobei jeder, um mich herum,
So scheint's,
In Bewegung, mutig nach vorn –
Jeder sucht emsig
Entwicklung innerhalb der Norm.
Während leichtes,
Seichtes Mondlicht,
Jetzt in dem Moment,
Erhellt nun doch meinen Raum,
Mit hellem Licht und feinen Strahlen –
Wieder und wieder.
Versetzt auch mich ins Staunen –
Mit Fantasie kann doch mehr wagen.

Doch lediglich – denke: schreibe.
Jeder bewegt sich und ich – verweile?

Zauber der Worte

Gedanken für die Ewigkeit,
Dankend verfasst nach Reflexion.
Steigert meine Seligkeit,
Gewinnbringende Konversation.

Ob Gedicht oder Roman –
Beides kann berühren.
Der Zauber jener Wörter,
Mit jedem Mal verführen.

Zu lesen – und zu schweben.
Den Moment genießen,
Ihn zu leben!
Auf eigene Weise –
Jene Wörter,
Die so manches Mal,
So magisch, weise
Wirken,
Zu verstehen.

Erst für sich,
Ganz still,
So sanft und leise –
Sich auszutauschen –
Und dann weitergehen.

Vor allem:
Im gemeinsamen Austausch,
So wird's lebendig und wahr. –
So wirkt's weit hinaus,
Doch fühlt's sich an –
Als wärs hier ganz nah.

Die Welt und das Schreiben

Du siehst die Welt,
Lebst, bewegst dich in ihr.
Erlebst sie grau,
Erlebst sie laut,
Doch Regungen verschwinden,
Bleiben monoton.
Wo sind die sanften Linden,
Überhaupt das Gegenüber –
Im aufbrausendem Stadtmetropol?

Kannst du dir so eigene schaffen,
Eine Welt erschaffen
Durch das Schreiben?
Ein Rückzug von der Welt,
Erwacht dein eigener Held
In königsblauer Tinte –
Ist dies Abwendung vom Leben?
Oder kann dir jenes doch,
Auch dem Nächsten
Zuversicht und Hoffnung geben?

Wenn du's selber fühlst –
Tu's mit größter Leidenschaft und Ambition.
Dabei zu sein,
Als Teil all jener Bewegungen,
Bleibt bestehen – und ist dein wahrer Lohn.

Regungen

Im neuen Ort

Der Regen,
Unendliches Wasser
Trägt Sehnsüchte niemals fort.
Altes Regen
In mir, im neuen Ort.
In mir bleibt Verlangen,
Vergangener Tage,
Feurig-roter Wangen,
Die mir so zugewandt,
Nur bestehen. –
Das einstige Gewand,
Voller Licht und Hoffnung,
Das ich so selbstverständlich trug,
Löst sich hin,
Zu neuer
Und desillusionierter Wahrheit. –
Wann annehmen –
Und wann verstehen?

Aufeinandertreffen

So vieles ändert sich.
Begegnungen, Blicke,
Noch eine Berührung?
Das *Wir*, wenn wir uns sehen,
Kaum noch offen,
Nimmer frei.
Auf was noch hoffen,
Welche Träume,
Welches Leben –
In dir wünscht du noch herbei?
Wo doch alles schon gesehen,
So perfekt – so elegant –
Im digitalen Zaubergewand.

Doch bleibt der Kern
Nur unberührt
Und weiter immer stehen.
Der Mensch
Zum andern zugewandt,
Lebt und regt
Und kämpft und strebt,
Doch muss dafür den Nächsten
Wirklich fühlen und sehen.
Um das eigene Funkeln
Für eine nachkommende
Und schöne Welt,
Weiter in sich
Hoffnungsvoll zu tragen.
Um zu glauben –
Um zu lieben –
Und zu wagen.

Kurzer Blick

Stillstand
Zu allen Sphären.
In jeder Blickrichtung
Nur kleine,
Vorsichtige Bewegungen.
Leises Atmen,
Leises Hoffen,
Schwere Gedanken
Und Trost:
Nicht einmal kurzweilig
Zu erhalten.
Ersehntes Leben: frei und wild.
In bunten Farben,
Mein Herz:
Tiefste Wünsche entfalten,
Bloß Schmerz.

Während gleiche Tage
Im wechselnden Rhythmus
Davonschwimmen,
Verblassen.
Kann das Menschensein
Begegnungen –
Regungen –
Kaum weglassen.
Doch Energie
Verirrt sich im Raum.
Der Katalysator
Ist nicht menschlichen Ursprungs. –
Wann treffe ich dich?

Ewiges Wandern

In Zeiten,
Wo suchende Blicke
Aller Menschen,
Die streifen
Durch leere Straßen,
Deren Augen schweifen
Mit kleiner Hoffnung umher –
Neue Gedanken reifen,
Vergangener Liebe sehr.

Fortlaufend:
Ziehen die fragenden Gesichter,
Der suchende Kern
Weiter – durch dunkle,
Nur leicht erhellte Gassen,
Die das geistige Labyrinth
Im Innern
Deutlich werden lassen.

Das ewige Wandern,
Ewig neuer Start.
Lauter werdende Schritte –
Niemand für mich naht.

Wissen und erfahren

Erst,
Mit jugendlichem Herz,
Mit starkem Drang,
Die große, weite Welt entdecken,
Tiefe Regungen in dir.
Das aufregende,
Wilde Geschehen,
Kennen lernen,
Stetig motiviert.
Willst wissen und erfahren,
Warum sich was auch nur bewegt –
Wie du noch gescheiter lebst –
Mit großer Begierde.

Endlose Gespräche
Bis weit und tief
In die schillernde Nacht hinein,
Ums herauszufinden,
Nur zu fühlen.
Wenn's in gemeinsamer Stunde
So vertraut
Leuchtet in dir, wirkt
Ein neuer heller Stern –
Zeigt sich so in dir
Doch dein wahrer Kern.

Dann:
Hast die Welt erblickt –
Doch flüchtest nun in deine.
Wolltest alles wissen –
Weisheit auch nicht missen.
Doch was wichtig ist
Und so viel mehr,

Dein wahrer Weg
In dir –
Und tief in deinem Herzen –
Allein: durch Natur verführt!

Neuerdings:
Erblickst du die Welt
Mit anderen Augen
Und manchmal musst du bereuen –
Denn was du jetzt weißt,
Und was du siehst –
Drängt dich zum Zerstreuen.

Blickkontakt

Zeit und Augen
Rasen vorbei.
Ein kurzer Moment,
Ein leiser Kontakt,
Kleine Hoffnungen,
Im rasenden Austausch
Gewohnter Alltagsbilder.
Menschliches
Und Schönes,
Vor allem das Echte –
Festhalten – wann?
Im vergänglichen Leben,
Doch immer mehr die Gewissheit –
Dass man einander
Nicht wirklich –
Festhalten kann.

Auf dunklen, asphaltieren Wegen,
Die man nur zu gut kennt,
Etwas Helles,
Ein kurz aufleuchtendes
Und elektrisierendes Leben,
Welches man,
Im Vorbeigehen spürt,
Im Zeitraffer gar fühlt,
Doch niemals wirklich
Gemeinsam erlebt –
Meine bekannte Route,
So wie der ernste
Und sorgenvolle Blick,
Sie geht weiter.
Nur immer weiter. –
Und ich fahre fort.

Dunklere Tage

Ein Wechsel steht nun bevor,
Und die dunklere Jahreszeit naht,
Wo einst beseelte, warme Tage
Wandeln sich nun
Einsam und hart.
Kein hoffnungsvoller, leuchtender Pfad,
Kein Jadeschatz, der sich dir naht,
Der vor Tugendlosigkeit bewahrt ...
In dir wird nun groß ein heißes,
Ein reißendes Verlangen!
Sich zu sehen, Berührung –
Endlich Liebe zu erlangen.

Draußen:
Wird es kalt,
Und rasche Blicke
Schweifen unruhig nur umher.
Der Wunsch zu lieben
Umgibt dich –
Deine Sphären –
Wie große, wilde Wellen das Meer.

Wer jetzt zusammen ist,
Muss nicht greinen.
Und wer auf der Suche ist
Tut dies rein.
Und all jenes bloß nur,
Um vertraut
Als Mensch zu fühlen –
Und zu sein.

Unklares Streben

Verworren,
Laufe hindurch Nebelschwaden,
Such das große Ganze.
Mein Gedankenfaden
Sträubt sich der Analyse,
Und mein Innerstes ächzt –
Nach Leben im Nebelglanze.

Doch lösen sich meine Bilder auf,
In träumerische Wirklichkeit?
Und atme dann so frei hinaus
Mit unbegrenzter Möglichkeit.

Noch sehe ich kein Licht,
Welches funkelt stark,
Mir den Weg weist, klar.
Doch Glaube, Hoffnung,
Lebt in mir,
Begleiten mich ganz nah –
Was werde ich wohl sehen,
Wenn der ausdauernde Nebel –
Macht sich endlich rar?

Das Menschensein

Ab wann lass ich los
Und bin frei?
Mein Gewinn über Los:
Das Menschensein.

Will unbefangen atmen –
Doch auch Karriere starten.
Erfüll mein Zweck,
Spiel 'ne Rolle in Funktion.
Welch Einsatz –
Für welch ungerechten Lohn.

Und führen alle diese Wege,
Überhaupt zu einem Guss?
Allein im Moment – lebe ich –
Nur für temporären Kuss.

Mitgehen

Habe unser Leben
Endlich nun erkannt,
Doch atme ich auch frei?
Beweg mich elegant,
Leicht durch die Welt? –
Bin als Mensch
Rasend schnell gebannt,
Fasziniert
Von wechselndem Gewand,
Treibe ich mit wie Sand –
Schenkt mir das Sicherheit?
Oder stehe ich gerade dann –
Mit dem Rücken zur Wand?

Am Fenster

Ganz jung
Fliegst du leicht
Und jegliches Leben dir zu.

Mit jedem Sprung
Landest seicht,
Gesellschaft dein ewiger Clou.

In diesen Tagen
Der Reflexion,
Wird dir so vieles stark bewusst.

So manche Klagen,
Wenig Lohn,
Mindern meine Lebenslust.

Ganz nah,
Mit guten Freunden,
Willst Mensch wieder sein ...

Ab wann wird's wahr?
Blühend neue Freuden,
Denn noch – sitz ich am Fenster ganz allein.

Alles kontrollieren

Schweben frei, fällt leicht
Gemeinsam,
Und ohne in unbekannte
Weite Ferne zu schauen,
Wenn du fühlst,
Im Moment –
Dich dann dazu bewegst,
Dein Innerstes
Natürlich –
Und intensiv erlebst.

Alles bedacht zu kontrollieren
Im dynamischen Geschehen,
Ein so trügerischer Schluss.
Alles schnell so zu verlieren
Und das Tal nicht mehr zu sehen,
Jedoch eben dies kein Muss.

Oft kannst du dich nur doch,
Dem natürlichen Fluss
Des Lebens wohl ergeben.
Doch sei sicher, so,
Aus gefühlten Wegen –
Kann dir dieses Streben
Deinem Selbst –
Die größte Freude geben.

Du und die Hoffnung

Augen leuchten, funkeln stark –
Sei guter Dinge.
In mir bewegt sich was,
Und deine Hoffnung
Belebt jetzt meine Sinne.
Dein Strahlen
Überträgt sich,
Macht mich eins.
Neuer Glaube
Und Zuversicht jetzt meins.
Mit mutigem Blick,
Seh doch nun weit hinaus –
Denn die unendlichen,
Goldenen Flügel
Deiner sanften Liebe,
Breiten sich in mir –
Mit vollster Wirkung aus.

Durch Nebelschwaden

Sinnliches,
Echtes,
Spüren und erfahren:
Wunsch,
Dauernder Gedanke, Traum,
Schwankender Glaube und Vertrauen,
Gefestigt
Für einen kleinen Moment,
Der dich nicht hält,
Schwindet
Und bald weiterfliegt.
Nachklang –
Haben höhere Sphären.

Auf planetarer Reise,
Kurzweilig beschenkt,
Mit Drang nach Beachtung
Unwirklich gelenkt
Im digitalen, glanzvollen Raum –
Gegenseitig sich nur bestaunen,
Wertvolle Erfahrung
Und Quelle für Inspiration?

Wohl nur echte Begegnung,
Berührung, die sich lohnt,
Des Menschen zueinander,
Mit Fantasie
Hin zu funkelnden Sternen.
Hin zum Thron des Universums,
Belebt, erregt,
Subjektiv erreichen,
Liebe zueinander –
Zum Nächsten darf nicht weichen.

Echte Regung
Durch Natur verführt,
Durch feurige Lippen berührt,
Bringt uns dem Göttlichen näher.
Wohl doch auch,
Nur für einen Moment,
Ein Funkensprung
Im dunklen Raum –
Wie kann er ewig halten,
Wirken mit dauerndem Lohn?

In dir, beflügelt,
Die Erde zu betrachten,
Zuerst
Mit Verstand,
Mit Herz zu begehen.
Wie nimmt man andere mit?
Wie sinnvoll weitergehen?
Durch undurchsichtige,
Weite Nebelschwaden,
Die uns wieder und wieder jagen,
Uns treffen –
Und uns zögern lassen.

Während der unendliche Ozean
Niemals ganz still ist –
Und die Wellen weiter schlagen.

Gemeinschaft

Auf der Straße

Erst ein Gedanke,
Dann ein Traum.
In jungen Jahren,
Entsteht im Herzen
Rein,
Darauf gebaut –
Der Wunsch.

Das größte Leben dir herbei,
Wo all dein ganzes Streben,
Alle deine Strömungen,
So tugendreich,
Nur so schimmernd, golden seien.
Mit Abenteuern, tiefen Gefühlen,
So pur, erfüllt und reich,
Am wilden Leben, leicht –
Teilzuhaben.
Mit eigener Handschrift,
Eigener Bewegung,
Unabhängig,
Nach wahrer Begegnung,
Liebe und Romantik.

Doch wieder und wieder
Schwanken Gefühle,
Regungen in dir.
Mein Bezug ist hier,
Doch draußen auf der Straße:
Seh Verzweiflung,
Völlig andere Bilder.
Meine gebaute Welt,
Schwindet, fällt in Stase,
War sie doch beeinflusst –
Durch Künste so viel milder.

Die kalte Stadt

Auf der Suche
Nach Liebe und nach Wert –
Konfrontiert mit Wirklichkeit,
Raue Straße,
Alltagsschmerz.

Die anonyme Großstadt:
Mit selbstverliebten Blicken,
Mit schwindend' Empathie,
Zweifeln, Lethargie,
Doch mit lautem Bass,
Fahren Darsteller
So gewohnt umher –
Innewohnt bloß Wut,
Das zeigen sie sehr,
Wohl jenes: Berührt nicht den Kern!
Und arme Seelen,
Verlassen vom Konzern,
Verlassen sich
Auf die Gnade des Herrn
Im Menschen –
Doch ohne Beachtung
Ziehen weiter
Teilnahmslose Scharen,
Mit Zeit-und-Termindruck
Durch verdreckte Wege.
Lebe –
Für die kleinen Momente
Mit großem Hall –
So kann's nur sein,
Um sich zu halten –
Im undurchsichtigen Geschehen.

Manchmal fehlt Sinn,
Dann Verstand,
Nur elegant
Kann mich retten durch einen Meisterstreich –
Will schweben, fliegen wieder jugendlich leicht –
Doch nur allein?
Wie den Nächsten mitnehmen
Und wie zusammen sein,
Im Einzelkämpfer-Gemeinschaftsgefüge?
Und lüge ich, wenn ich sage
Wir betrügen uns selbst,
Die Erde –
Und erfahren so Leid.

Allein:
Natur soll mich verführen!
Will das wahre Leben,
Suche:
Nach etwas Echtem –
Ab wann wohl nur bereit.

Der Fortschritt

Der Mensch
Im neuen Zeitalter,
Will weiter immer streben,
Größer denken,
Will stetig schneller bauen.
Alles, was unsere Natur kann geben,
Ausschöpfen,
Selbstbetont gewohnt sich nehmen.
Für falschen Ruhm,
Unfair, unnatürlich jagen
Ohne unseren Mitbewohnern
In die Augen zu schauen,
Und nur einmal nachzufragen. –
Das soll göttlich sein
Und fair?
Unser leichtes Handeln mit Tieren,
Um hohe Zahlen zu forcieren.
Unsere Begegnung mit Natur,
Harmonisch? –
Ist wohl doch schon lange her.

Doch so lange Münzen
Nur entscheiden,
Über das, was sich bewegt,
Kommt der gute Vorsatz,
Vereinzelt,
Letztlich wohl zu spät.
Was bringt
Der technische Fortschritt,
Wenn dessen Glanz
Nur für sich selber steht?
Was bringt
Eine Hightech-Welt,

Wenn Mensch und Tier
Es dort – natürlich –
Nicht gefällt?

Wachstum und Kreativität

Im Hintergrund
Brodelt große Wirtschaft
Mit Gewissen rein.

Im Untergrund,
Jene faire Mannschaft
Bleibt nur weiter klein.

Fahren wir so fort,
Ohne Konsequenz,
Weiter durch das Tal.

Völlig anderer Ort,
Doch selbige Sequenz
Und similäre Auswahl.

Die einst verschiedenen Klangfarben,
Bündeln sich wohl bald,
In gleicher Notenzeile.

Kreatives liegt im Argen,
Ihr entfaltender Versuch, er hallt –
Entlang der weiten Meile.

Alleine gehen

Einst, so intensiv der Wunsch
An die Welt,
An das höchste Leben,
An höchste Sphären gedacht.
Doch du selbst:
Bewegst dich jetzt
So vorsichtig – so bedacht –
Wieso?

Wie ist sie aufgebaut,
Diese, unsere Welt?
Und sind all die großen Pläne,
Welche wurden schnell bewegt –
Vereinbar auch mit dem,
Was den Menschen im Inneren regt?

So sucht man nur einander,
Um das eigene Sein,
Nicht das Ganze zu verstehen. –
Doch vereinzelt, wieder und wieder,
Will der Mensch wohl alles greifen –
Dieser wird alleine gehen.

Welche Inspiration?

Wie wird sie gewonnen,
Wirkt nachhaltig –
Inspiration.
Welche ist die Quelle,
Die sich erneuert,
Leicht, natürlich
Menschen Leben schenkt?
Die Begegnung:
Mit Darstellern im Netz,
Um es selbst zu zeigen,
Ein perfektes Lächeln
Sich anzueignen,
Als Ziel und Referenz
Für junge Strebende?
Das wohl kann's nicht sein.

Wo ist die Tiefe
Der Lagune zum Meer,
In unseren realen Welten,
Surreal gesteuert?
Und welcher
Nur für sich Lebende
Möchte dir wohl helfen?
Der selbst Strebende,
Sucht und kämpft wohl meist allein.
Der nach vorn Gehende,
Ohne echten Austausch –
Bleibt an der Oberfläche: klein.

Du und ich

Dass wir uns trafen,
Welch ein Wunder!
Am Anfang, seichter Spaß,
Bald Tiefgründigkeit
In leuchtenden Augen,
Welche sich uns naht.
Denn dies,
So intelligent,
Mit wahrem Herzen,
Ist was ich brauch,
Und an dir –
So bewunder'.

In den Augen

Mit welchen Augen
Und was seh darin?
Ordne neue Bilder ein,
Sodass auch Du,
Mein Nächster,
An Zuversicht gewinnst.

Blicke ich zu dir
Und bewerte? –
Oder ordne ein,
Reflektiere,
Als Teil der Welt
Wir beide,
Und sprech aus meinem Herzen,
Dir nun, sanft wie Seide –
Neuen Mut zu.

In den Augen,
Seh den Wunsch,
Großes Hoffen,
Tausend Fragen.
Sie wollen doch staunen,
Funkeln wieder gerne,
Leuchten, wagen.
Das verbindende *Wir*,
Natürlich leichte Wärme –
Göttersagen.

Etwas mitgeben

Ab wann habe ich das Glück,
Anstatt zu planen und zu denken,
Frei zu atmen und zu sein?
Allein mit Liebe Leben lenken,
Wäre mir nur allzu fein.

Doch wenn, dann:
Meine Pflichten verschwinden
Und mein großes Streben wird klein –
Erlebe doch keine Freude –
Nur mit dir zu zweit zu sein.

Leicht vergesse ich so,
Wer ich auch bin,
Und übersehe eine Aufgabe,
Die tief in mir,
Auf Erden, hier
Doch so verwurzelt scheint.
Jeder selbst,
Und ganz auf eigene Weise,
Kann beitragen
Auf sämtlichen Wegen,
Der Erde –
Und den Menschen etwas mitzugeben!

Jetzt, in gemeinsamen Momenten,
Bei Sonne, Wind und Regen.
Kann nun mein Sein genießen
Und dies dann wirklich –
Endlich wahrer Segen.

Der eigene Blick

Jeder: will doch mit Frieden leben,
Jeder: versucht alleine zu streben.
Alle blicken nur noch voraus,
Und trotzdem –
Verlassen große Zweifel das Haus.

Wir begegnen uns als Menschen,
Doch gleichwohl als Konkurrenten.
Wir erkennen uns so, von Neid,
Wohl auch von Missgunst gelenkt.

Helfe ich
Und freue mich auch mit dir,
Erlebe ich die reinste Freude,
Erlebe großes schönes *Wir*.

Trage ich das bloß raus,
In ein neues, intelligentes,
Und emphatisches Leben.
So wäre es schön,
Wenn wir uns sehen,
Wir uns –
Auf unsere Fragen –
Eine Antwort geben.

Ein Segen

Ist nicht das Zusammensein,
Unendlicher,
Schimmernder Wunsch eines jeden?
Und Liebe und Zweisamkeit –
Ein Elixier –
Im großen, weiten Leben.
Sich zu finden –
Unser größtes Geschenk –
Unser wahrer Segen.

Der Mensch und die Maschine

Stadtspaziergang

Habe Erkenntnisse,
Doch Leben auch gewonnen,
Und fühle mich innerlich frei?
Die Welt entwickelt sich –
Das Leben blüht,
Wahrhaftig bin dabei.

Doch irgendwas ist anders.
Mein Leben: Spüre kaum noch Wirklichkeit!
So viel erhofft,
Von: Höher, weiter, schneller –
Wo bleibt der Mensch,
Als gefühlvolle Schöpfung,
Bei rasender Entwicklung,
Bestehen?

Das Leben in der Polis.
Einst geblüht mit freudigem Kontakt,
Nun streif ich einsam durch die dunkle Nacht.
Suche, hoffe,
Mit verzweifeltem Blick,
Nach einer anderen Menschenseele,
Doch alles, was ich seh:
Zu künstlich, zu klar.
Nichts Echtes naht!
Und gefühlt – ist kein Leben da.

Doch nun endlich, ein Kontakt,
Nur keine Freude, die mich packt.
Mein Herz will aufleben,
Doch wird nicht warm–
Berührt mich doch nur –
Ein Roboterarm.

Verständnis und Emotion

Ich hab einen Traum,
Wie lebt er weiter, hat Bestand?
In welchem Raum,
Kann ich mich frei entfalten,
Als Individuum, elegant,
Mir die Welt anschau',
Technisch, komplex,
Höher, schneller, mehr? –
Meine Erkenntnisse leiser,
Doch Gefühle –
Wiegen weiterhin schwer.

Zukunftsjobs

Möglichkeiten:
Langsam werden rar.
Wahrhaftig stand ich da,
Im Leben, Fuß gefasst,
Bevor Dunkelheit,
Mein ganzes Sein umgab.
Allein nun,
Verzweifelt und entsetzt –
Die neue K.I.
Hat meine Stelle ersetzt.

Zur Pflege:
Keine Ambition.
Programmieren:
Übersteigt mein Denkpatron.
Von was noch leben?
Was bleibt noch zu tun?
Habe keinen Lohn –
Mich auch nie geschont.

Rasanter Fortschritt,
Der Technik weit und breit,
In allen Lebenslagen,
Dieser Zukunftszeit,
Entwickelt sich unheimlich,
Auch wirklich alles nur nach vorn?
Die Welt im neuen Glanz,
Kann wohl jeder sehen.
Doch ich selbst
Reagiere nicht mehr mit ihr,
Im Zeitraffer –
Bleibe ich nur stehen.

Der helfende Roboter

Lange haben wir es forciert,
Nun:
In die Gesellschaft integriert.
Er hilft,
Unterstützt das Personal,
Dringt in Bereiche vor,
Die gefährlich sind,
Unsicher, ungewiss,
In die kein Mensch sich traut,
Er bleibt –
Immer öfter erste Wahl.

Doch wie entscheidet er
Und kann ich ihm vertrauen?
Als sein eigener Herr,
Wohl menschlich programmiert,
Doch seine Augen funkeln kaum. –
Wie kann ich ihm da,
Mit Gewissen –
Wirklich in die Augen schauen?

Jedoch:
Kann eine Entscheidung,
Ganz ohne Emotionen –
Auch klug sein und sich lohnen.
Für mich selbst, trotzdem klar,
Möchte ich doch nur,
Dass in meinem Gegenüber –
Herzensregung innewohnt.

Ohne Reflexion

So wie stürmischer Regen
Prasselt nieder, hin zur Erde,
Intensiv, nur ungewollt,
Das neue Bild verschwommen.
Mein eigenes Selbst:
Das ursprüngliche Streben,
So klar,
Verirrt sich nun
In unbekannten Sphären,
Im Rausch der Information,
Ohne Austausch –
Und ohne Reflexion.

Konsum:
Schafft schnell Zerstreuung
Für den Moment.
Ein Monsun von Gütern
Dir geschenkt.
Leicht erreichbar nun für jeden,
Leicht kann mich im Netz bewegen.

Doch nun, schau dir an das Leben,
Geschwind,
Muss nur alles gehen.
Ganz ohne Drang,
Welcher schwindet –
Sich tief in die Augen zu sehen.

Doch nur das allein:
Hält und hat Bestand.
Nur menschliche Berührung,
Ein Gefühl –
Zu anderen relevant!

Die Welt –
Bei nächtlichem Denken,
Hin zum violetten Gewand,
Bereitet sie mir Sorgen.
Ein letzter Blick zum Himmel,
Bevor wir erneut, mit flüchtigem Blick
Aneinander vorbeiziehen –
Wo bin ich geborgen?

Suche im Netz

Jeder sucht sich selbst,
Jeder sucht nach Klarheit,
Bloß nicht mehr gemeinsam.
Im eigenen Kosmos,
Mit zugeschnittenen Bildern,
Erreicht das Individuum
Letztlich nur,
Die eigene kleine Wahrheit.

Jeder definiert sie selbst,
Und alle wollen nach vorn.
In digitalen Welten,
Ohne Austausch, Konfrontation,
Fehlt Wirklichkeitsbezug.
Dort startet die Suche –
Doch fernab surrealer Medienwelt,
Brauchen innerliche Regungen,
Den Kontakt –
Welcher das Innerste zusammenhält –
Draußen – Bewegung.

Zukunftsgedanken

Was passiert mit uns,
Mit der Welt,
Wie sieht sie bald aus?
Bäume gefällt,
Tiere entstellt,
Das Ferne ist nah. –
Keine Notwendigkeit,
Zu verlassen das Haus,
Der Frieden ist rar.

Leben umgibt dich,
Vielfältig im Netz.
Illusioniert mich,
Doch treibt mich weiter an
Und geschätzt –
Schaff mir alle Güter ran.

Vermiss das Lachen,
Menschliche Bewegung
Und echte Begegnungen sehr.

Wieder Erwachen,
Doch keine neue Regung,
Innenstädte leer.

Jeder für sich,
Lebt scheinbar froh,
Doch abgekapselt wohl vom anderen.

So fragst du mich
Warum und wieso?
Ich selbst – gehe auch alleine wandern.

Dächerjagd

Im 20. Jahrhundert,
Stetig nur bewundert.
Jetzt, Entfaltung mit allergrößter Wucht,
Der Revolution, wo auch jeder Gute wagt
Und Verfolgung, endet schnell in Dächerjagd.
Schon wieder – ein Androide auf der Flucht.

Im Dschungel

Der schwarze Panther
Streift geheimnisvoll
Und als heimlicher König
Gefährlich durch den lauten Dschungel.
Riesige Giftschlangen
Und Giftpfeile von Belangen,
Sich bewegende Mysterien,
Die schützen und kämpfen
Und Diebe nur fangen.
Für mich wird es schwer –
Den Schatz so zu erlangen.

Doch hab den Auftrag angenommen,
Jetzt gibt's wohl kein Zurück,
Kein Zweifeln und auch keine Flucht.
Mir auferlegt
Die Herausforderung,
Hohe Hürden auf mich zu nehmen,
Leise –
Bedacht, vorsichtig zu gehen.

Der erste Schritt:
Bin geschickt und hocherfahren,
Als Schatzjäger schon weit gefahren.
Doch dieses hier, was anderes,
Kein simpler Übungspfad,
Ich spür's in mir –
Mein Herz tobt und rast.

Blick auf die sagenhafte Karte,
Zeigt mir das Juwel und seine Lage.
Doch warte.
Da! Regung!
Es bewegt sich was,

Die ersten Wachen?
Kletter rasch den großen Vorsprung hinauf,
Hier bin ich versteckt –
So mein Gedanke.
Mit angestrengtem Blick,
Nervös: beobachte ich den Verlauf.

Ein Söldner,
Den ich seh von oben,
Schwer bewaffnet –
Doch bin gewappnet –
Ich spann den Feuerbogen.

Eine weitere Truppe.
Kletter und tarne mich im Baum,
Ganz ruhig
Muss ich mir,
Und meinen Fertigkeiten vertrauen.

Doch jetzt!
Lautes Geschrei,
Ich höre Schüsse,
Todeskampf.
Ein mir unbekanntes
Großes Wesen,
Scharfe Krallen,
Salven hallen,
Bedrohlich,
Was sich zeigt,
Es ragt empor!
Ganz laut
Und hinterlässt –
Eine Blutspur.

Dann verschwindet es.
Bewege mich rasch weiter,
Ganz leise und vorsichtig,
An leblosen Körpern nun vorbei.
Im Adrenalinrausch –
Spüre meine Kräfte leicht.

Weiter und weiter,
Immer tiefer in den Dschungel,
Weit hinein.
Mit offenem Auge und hellem Ohr –
Ich traue
Nur noch mir und meinen Sinnen,
Berauscht: kommt mir die Umgebung,
Die ganze Szenerie nun vor.

Silber.
Silberrücken!
Sprinte, laufe schneller,
Immer weiter
Ins unbekannte Grün hinein.
Und einmal mehr –
Muss ich mich verstecken,
Mich ducken, tarnen,
Flüchten.
Ich nähere mich
Und an jeder Ecke –
Lauert jetzt Gefahr.
Lauert möglicherweise der Tod.

Mit dem Bogen in der Hand –
Beweg mich weiter angespannt.
Doch wohl jetzt,

Zeigt es sich nun endlich.
Der Eingang,
Zur sagenumwobener Höhle,
Versteckt in sicherer Höhe.
Und hier, hier soll's sein,
Ein längst vergessener,
Doch so wertvoller Mayaschatz –
Dieser bald schon mein?

Ich fasse mir ein großes Herz,
Was gewaltig schlägt,
Gewaltige Wellen von Adrenalin,
Was über mich stark fegt,
Die Gefahr,
Doch auch die Erlösung –
Die über allem schwebt.
Im sechzehntel Takt
Laufe mit mutigem Schritt,
Zum Eingang,
Zu meinem Ziel hinauf –
Ich höre was!
Die Nerven spielen verrückt!
Ein Rascheln im Gestrüpp,
Bewegung,
Lautes, beängstigendes Brüllen,
Der Atem bleibt mir fern,
Beine frieren mir ein,
Dreh meinen Kopf zur Seite,
Erschrecke!
Erstarre!

Mit scharfen Augen,
Und doch so viel eleganter,

Als alles, was ich jemals sah,
Hat mich anvisiert,
Mit Todesblick,
Jetzt –
Der schwarze Panther naht!

...

Hier macht es Sinn:
Ich sichere den Spielstand ab.

Unsere Natur

Die Welt sehen

Die Welt –
Sie dreht sich
Im perfekten Abstand
Zu Sonne und Mond.
Wir –
Wollen alles entdecken,
Bewegen uns über Wasser,
In der Luft –
So gewohnt.

Wir –
Greifen ein,
In Lebensräume,
Die ursprünglich nicht unsere sind.
Wir breiten uns aus
Und besetzen,
Ohne Rücksicht, sehr geschwind.

Wir –
Wir denken nur an uns,
Vielleicht noch an einen Nächsten.
Und kämpfen mit allen Mitteln,
Für Anerkennung und Lohn,
Wundern uns –
Über Natur und Mutation.

Die Welt –
Sie sendet uns Hinweise,
Mit allergrößter Dringlichkeit.
Weiter fortschreitend
Und rasant,
Mit spürbarer Empfindlichkeit,
So gebannt,
Sollten wir sein,

Von dynamischen Geschehen,
Der sich wandelnden Erde –
Welche uns alle betreffen!

Ich frage mich:

Werden wohl die nächsten Generationen,
Unsere Welt –
Denn noch mit funkelnden Augen sehen?

Abends am Meer

Leichte sanfte Sommernacht,
Sterne schweben durch die Nacht.
Wellen führen leis' das Meer,
In unbekannte schöne Weite.
Leben, von faszinierender Seite –
Brauch doch davon so viel mehr!

Der Himmel

Unser Auge, der Verstand,
Sieht den Himmel, das Gewand.
Klar und deutlich rein,
Wie wird es wohl im Inneren sein?

Ein Geheimnis,
Welches doch scheint,
Im Verborgenen zu sein.

Ein Ereignis
Und keiner weiß –
Werde ich geborgen bleiben?

Das Hier und jetzt verstehen,
Bewusst gemeinsam gehen.
Ich bin hier ganz klein,
Entdeck den Himmel,
Blick nach oben,
Und entscheide mich noch schnell –
Mit leichtem Herzen herumzutoben.

Natürliche Klarheit

Die Natur,
Wie ich sie lieb
Und wie gesund wir innerlich glüh'n,
Umgeben
Von natürlicher Harmonie,
Aus dem blühenden Jadegrün.

Hier halte ich inne,
Hier kann ich ruh'n.
Aus meiner Mitte, friedlich,
Sprudeln neue Ideen hervor –
Rein, wie aus der Quelle,
Mein Sein
Auf unantastbarer Welle,
Göttlich, wie der große Thor.

Mit neuer Klarheit
Kehre ich zurück,
Kann nun wirken
Ganz geschickt.
Aus der Natur,
Hin,
Zu neuen Begegnungen
In der elektrischen,
Nicht immer
Elektrisierenden Stadt –
Schnelllebig.
Neue Gedanken,
Wer wir sind –
Doch bleiben ewig.

In den Herbst

Noch vor kurzem
Frei und leicht dein Sein,
Dein Leben
Mit hellstem Licht, so fein,
Und scheinbar ewig
In goldener Sommernacht verbunden.
Wo ferne Sterne dich bewachten,
Dich und deine Lebenswunden,
Sicher in jenem Moment –
Der nie zu enden schien.
Starke Sonnenstrahlen, erhaben,
Erhellten das Gemüt,
Und das große Leben,
Welches in dir glüht,
Tanzte leicht und seicht hinaus,
In fließender Bewegung –
Hier lässt dein Innerstes natürlich raus.
Hier berührt nur Liebessegnung.

Weit weg,
Und nur noch gänzlich fern,
Wie in neuer Galaxie,
Ein unbekannter Stern –
Diese sanften Zeiten
Wo einst:
In allen Farben hat's geblüht,
Steht ein Wechsel nun bevor.
Eine einsamere Jahreszeit –
Ragt aus Göttlichem empor.
Jetzt:
Ein anderes Sein,
Eine neue Bedeutung,
Für alltägliche Bewegungen.

In Rückblende
Liegst du, leicht,
Bei Sonnenschein
Und sanfter Brise –
Mit friedlichem Herz,
So träumend auf der endlosen Wiese.
Und dies,
Das sichere Gefühl,
Auch das Abenteuer,
Erwartet dich nun rar.
Im neuen Abschnitt,
Ist das Hoffen,
Träumen noch viel größer.
Der Wunsch
Gemeinsam – jetzt zu sein,
Ist das – was ich neulich –
In allen Augen sah.

Einsamer Wanderer

Abends, Lichter brennen,
Straßen leer.
Draußen ist es kalt,
Doch der Schnee, schon bald,
Wärmt die Herzen –
Ich streife umher.

In dunkler,
Kalter Zeit,
Reicht es weit
Hinein in alle Augen.
Der Wunsch,
Nähe, Heimat zu fühlen,
Leben zu spüren,
Ganz bei sich zu sein.
Den Nächsten sehen –
Sich erkennen,
Durch unsere Herzen rein.

Doch dieses Mal:
Hab kein Ziel,
Keine Hoffnung auf meiner Reise.
Keine Erkenntnis,
Keine Selbstfindung.
Kein Gedanke –
Macht mich jetzt noch wirklich weise.

Was ich brauch, ist klar.
Spür's in mir ganz nah.
Und als sich nun was regt,
Ein Mensch, aus weiter Ferne,
Sich auf mich zu bewegt –
Bin auf einmal da –
So gänzlich neu belebt.

Sensibler Schimpanse

Glücklich
Schwing von Baum zu Baum.
Singe, fliege
Durch die Lüfte,
So schön und wieder –
Der Dschungel lässt mich staunen.

Auf Fingerknöcheln
Beweg mich schnell.
Die Sonne scheint,
Der Himmel hell.

Mit meinen Freunden
Toll herum,
Mein Leben
Frei und ohne Gefahr? –
Ist dies wirklich wahr?

Die ganze Gemeinschaft,
Natürlich froh
Und belebt am Spielen.
Jedoch so, ein letztes Mal,
Denn alles änderte sich als –
Die ersten Schüsse fielen.

Die Panik groß,
Angst weit und breit,
Am ganzen Körper
Und in allen Augen,
Flüchten
Aus der Heimat,
Aus dem Vertrauten,
Dem erbauten –

Unserem Leben!
Die Zuversicht
Auf Rettung,
Sie schwindet.
Um mich herum,
Fallen meine Brüder
Und Schwestern
Immer mehr zu Boden,
Den ich auch verlier.
Salven.
Nur noch Salven.
Und ein *Wir* –
Gibt es nun nicht mehr …

Artenvielfalt

Der natürliche Rhythmus,
Lässt die Natur doch strahlen,
Im stetig neuen Aufguss.

Erfreut sich leicht am Wahren,
Auch bedrohte Wesen –
Mit wieder sinkenden Zahlen.

Schon wieder hab's gelesen:
Das Jagen, besonders seltener Arten,
Für Trophäen und große Spesen.

Wie lange sollen wir denn noch warten?
All die reiche Vielfalt schwindet –
Wir können sie nicht von neuem starten.

Am Meeresgrund

Am dunklen Meeresgrund,
Diamantenschatz versteckt.
Sind ausgerüstet
Und das Piratenschiff –
Wahrlich nicht mehr so weit weg.
Und doch, so scheint es
Haben wir in unbekannten Tiefen –
Ein unbekanntes Monster erweckt.

Von Reichtum geblendet,
Von Gold fasziniert,
Eine Karte verwendet,
Gefahr garantiert.

Ein kleines Licht,
Auf meiner Stirn,
Erhellt die Dunkelheit
Des weiten Meeres.
Sehen kaum weit hinein,
Nur immer wieder,
Schnelle Schatten,
Bloß Umrisse
Und das gespenstige Gefühl –
Hier sind wir nicht allein.

Jetzt das Wrack in Sicht.
Auch das Gold,
Und noch so viel mehr,
Die Legende,
Der Piratenschatz –
Erhoffen es so sehr.

Als der Boden bebt,
Von der gewaltigen Kraft,
Seiner ausstoßenden Wellen
Und die scharfen weißen Zähne,
Den Meeresgrund erhellen –
Erstarren wir.

Die Uhrzeit:
Gefühlt weit weg,
Jetzt hier.
Es misst
Die Hälfte des Schiffes –
Und hat uns anvisiert.

Schnell.
Müssen weg,
Fluchtgedanken,
Rasch ins Wrack,
Verstecken, Tarnen.
Ohne Vorwarnen
Und ohne Erbarmen,
Tötet es.
Schwimmen ins Heck,
Flucht –
Flucht vor dem Urzeitmeg.

Die Gefahr naht –
Und Stille.

Blick auf den Planeten

Ein Komet fliegt durchs All,
Zeitlos und sehr geschwind.
Im Kosmos überall,
Auch abstoßende Wirkungen,
Wie die vom Sonnenwind.

Wir selbst reisen mit
Als kleiner Funkensprung,
Privilegiert.
Wir als Passagier
Und wir als Mensch und Tier,
Sollten belebt und glücklich sein –
Jeden Tag neu zu entdecken,
Zu erfahren.

In Milliarden von Galaxien
Von unbekannter Natur,
Haben wir hier
Unsere Bestimmung,
Unseren Planeten,
Ein Zuhause –
So klar und auch so pur.

Lasst uns das Grün
Noch grüner machen
Und das Schöne, noch schöner.
Wir schweben zwar im All,
Wohl umgeben
Von unbekannten Formen.
Doch haben wir hier im Jetzt –
Allein unseren Erdball –

So sollten wir, nachhaltig –
Für unsere Zukunft selber sorgen!

Teil II: Meine Träume

Kosmos

Der einzige Stern

Nachdenklich und angeregt.
Mit großer, wilder Faszination,
Entdecke
Weit überm Himmelsthron,
Ein einsames Licht,
Das mich erreicht,
Ein funkelnder Stern,
Der sich mir zeigt,
Der im dunklen Raum bereit,
Zu empfangen,
Glühende Wangen,
Träume seicht
Von kosmischer Begegnung.
Aufbruch
In unbekannte
Große Welten,
Jetzt gerade –
Fühlt sich's so nah an.

Bin hier
Und völlig wach,
Völlig aufgeregt,
Hat's mich gepackt.
Ist da Leben –
Ist da irgendwer? –
Im weiten Sternenmeer,
Funkelt und glänzt und leuchtet es
In allen schillernden Farben.
Und heute Nacht:
Wo das Sternenschicksal,
Endlich so nahe scheint,
Einer im Besonderen,
Ein Stern –

Der mir keine Ruhe,
Und mich Träumen lässt.
Wenn ich doch nur bloß
Auf Mission im Weltraum wär ...
Oder sind's doch nur die Gedanken,
Ein Fantasiestreich,
Ein faszinierender,
Jugendlicher Wunsch –
Und der Kosmos wirklich leer?

Vielleicht:
Wartet doch jemand
Weit in anderen Sphären,
Über unsere Grenzen, fern hinaus,
Ein Lebewesen,
Welches sich mir wirklich anvertraut,
Wirkt in mir – für den Moment,
Sodass ich jetzt –
Ans lebendige Universum glaub.

Der Nachthimmel

Am Nachthimmel,
Sehe wandernde Sterne.
Aus Büchern
Erfahre ich und lerne,
Dass im Kosmos weit und breit,
Unbekanntes Leben weilt.

Mit funkelnder Faszination
Erfasse ich das Leuchten
In der Ferne.
Noch so gänzlich unbekannt,
Doch verzaubernd schön und elegant,
Zeigt sich mir,
Fesselnd –
Ein Bruchteil des Mysteriums –
Wohl doch bloß nur im Gewand.

Rote Oberfläche

Noch ferner als der Mond,
Anscheinend unbewohnt,
Schwebt er da,
Eingehüllt in dunkler Sphäre.
Im unbegrenzten Raum, weit weg,
Doch vertraut und auch so nah –
Der geheime Wüstenplanet –
War bereits schon Leben da?
Und was bedeutet dies für uns,
Wenn das wirklich wohl so wäre ...

Kontakt im Weltall

Endlich nun, es wird wahr,
Neue Monde, neue Sterne,
Das größte aller Abenteuer.

Bin fürs Universum klar,
Es zieht mich raus in große Ferne,
In mir: brennt das lodernde Feuer.

Das Leben, welches sich versteckt,
Kreist in eigenen Sphären,
Und wartet selbst schon auf Kontakt.

Mein ganzes Herz hier reingesteckt,
Nun muss ich mich bewähren –
Nachdem die Forscher haben's gepackt.

Das Shuttle, neu und riesengroß,
Mit magnetischen Schutzschildern,
Gewappnet für jeden Plan.

Jetzt. Es geht los!
Meine Aufregung kann nichts mehr mildern,
So will es jetzt – erfahren.

Start.

Mit neuestem Hightech-Antrieb,
Schießen wir hinaus,
Ins nächste Sonnensystem.

Ob uns wohl ein Radar sieht?
Ob wir überhaupt,
Werden gerne gesehen?

Sensoren melden rasch Bewegung,
Als wir uns dem Planeten nähern,
Von dem wir glauben, was wir fühlen.

Aus dem schwarzen Kosmos, Begegnung,
Schwarz, mit verzierten goldenen Flügeln,
Überlegenheit zu spüren.

Gegenüber schweben
Unsere beiden Raumschiffe,
Mein Herz: starkes Beben.

Kontakt.

Die Crew bereitet sich vor,
Jeder auf Position,
Alles schnell besetzt,
Geschützturm fürs Gefecht.

Ruhe. Stille.
Keine Bewegung,
Langes Warten.

Eine Luke,
Die sich öffnet,
Ein kleines Shuttle wird entsandt,
Fliegt zu uns,
Sind nervös und ganz gebannt.

Warten auf Zeichen,
Keine Instruktion.
Das Shuttle umkreist unser Schiff,
Völlig ungewohnt.

Am Steuer, niemand wohl zu sehen,
Wie geht es weiter?
Ungewissheit ein Problem,
Und Angst.

Die Umkreisung wohl beendet,
Das Shuttle wieder im Schiff,
Von fantastischen Bildern geblendet,
Harren aus,
Die Waffen stets am Griff.

Plötzlich springt der Funk auch an
Und jemand – oder etwas –
Bringt jetzt Nachricht an den Mann.

Ein lautes Rauschen.
Dann Stille.
Und nun,
Nervös,
Wir lauschen
Einem Satz: –
„Follow us."
Im gleich nächsten Moment
Dreht sich das unbekannte Schiff,
Es lenkt
Und gibt die Richtung vor –
Ein neuer Planet?
Kontakt steht wohl bevor,
Wir folgen.

Als wir die Umrisse
Der Landschaft, der Gebäude sehen,
Und alles, was sich dort unten bewegt,

Weicht die Angst
Nun etwas anderem,
Was sich tief in unseren Herzen regt.

Freude bricht aus,
Ein leises Jubeln im Team,
Große, faszinierende
Und funkelnde Augen,
Die mich erreichen,
Die sich bestaunen.
Einer klopft mir auf die Schultern
Und lacht,
Er sagt: „Shepard –
Wir haben es wirklich geschafft."

Xeralis

Der Planet:
Beim gewaltigen Eintritt
In neue Atmosphäre,
So unbekannt.
Nicht unbemannt
Unser Schiff,
Welches sich mit Plasmaschilden
Gefühlt sicher
Durch Zeit und Raum bewegt,
Und unmittelbare,
Geheime Gefahren
Früh erkennt,
Im Radar einfängt
Und darüber schwebt. –
Wie zuvor in keinen Jahren.
Keiner Crew,
War es je bestimmt,
Dieses große,
Kosmische Mysterium zu lüften –
Bis jetzt! –
Die Berührung:
Der noch dunklen Oberfläche.
Niemand ahnt, was geschehen mag –
Es beginnt!

Windstürme,
Die der Mensch nicht kennt,
Die toben, rasen, wüten,
Die nach der Landung,
Gepaart, mit noch nicht
Erforschtem Bewegungsmuster,
Uns nur aufwühlen –
Und uns zweifeln lassen:

Sind wir sicher?
Drang nach bekannt,
Welcher nicht kontrollierbar
Und ohne elegant zu sein,
Uns jetzt zurückdrängt,
Ins scheinbar Sichere,
Rückzug ins Schiff,
Erklingt es in den Köpfen
Parallel,
Zu unbekannten,
Kosmischen Gestalten,
Die hier –
In so weiter, ferner Galaxie,
So furchteinflößend
Vor uns in Erscheinung treten. –
Das Raumschiff hebt ab.

Mit Lichtgeschwindigkeit,
Flucht in dunklen Raum,
Der uns nun,
So scheint's,
Sicherheit gewährt,
Obwohl noch keiner
Der unseren:
Hat sich im Unbekannten
Lang genug bewährt,
Sodass auch nur irgendeiner,
Mit klarem Blick
In der Kommandozentrale steht.
Nun,
Als klar ist,
Dass wir die Verfolger,
Zwischen allen Sternen

Nicht loswerden
Und das stetige Ausweichen,
Köpfe erschöpft,
Und die Angst,
Blut gefrieren lässt,
Wird das Geschütz,
Mit verzweifeltem,
Doch hoffnungsvollem Blick rausgefahren –
Ich stehe am Turm.

Laser lenkt Rakete schnell
Und sicher doch ins Ziel – so gedacht.
Abgeprallt der Schuss,
Zu große Schilde,
Hochentwickelte Kämpfergilde,
Wer ist der Feind?
Schmerz und Leid:
Müssen wir entkommen!
Wechsel rasch nun Munition,
Schick 'ne Salve, die sich lohnt,
Vermiss das Valve Gravitron!
Schnell, rasch, Kugelhagel,
Plasmafeuer, Blitz.
Ausweichmanöver,
Kapitän nun doch,
Steuer fest im Griff. –
Welche Spezies verfolgt uns?

Asteroiden,
Kometen, Sterne,
Umgeben,
Lichterloh von dunklen Geheimnissen.
Unbekannte Sonden

Und Stationen,
Die wir erreichen,
Mit funkelnden Augen,
Für den Bruchteil einer Sekunde
Wahrnehmen,
Fliegen, schweben
Quer durch den interstellaren Raum,
Den wir zu gewinnen versuchen,
Welchen jedoch sie:
Die unbekannten Wesen,
Geschickter noch beherrschen
Als wir,
Mit unserer Technologie,
Und uns mit aller Wucht,
Mit lautem Einschlag,
Desillusionierend –
Treffen!

Das Heck trennt sich,
Kontrollverlust
Im unbekannten Universum.
Schiff ohne Halt,
Keine Rettung,
Systeme schalten ab,
Angst, große
Sehr große Panik!
Zwei Shuttles
Noch an Bord,
Unversehrt,
Sprint,
Dunkler Korridor.
Eindringlinge,
Schreie,

Gefahr – die sich jetzt nähert!
Schüsse –
Und ich,
Erreiche das Shuttle,
Schnell,
Bin nicht allein.
Ein Blick, jetzt, Abkapselung.
Antrieb, in den Sitz gedrückt,
Enorm, alles viel zu schnell!
Doch ruhig –
Ganz ruhig und ohne Regung –
Lauschen wir dem leisen Rauschen des Alls,
Während wir dahinschweben
Und uns tief im Herzen bewusst ist –
Dass wir niemals zurückkehren werden.

Nacht

Festhalten

Verträumte Blicke
Schweifen,
Geprägt
Von jugendlichen Hoffnungen,
Von leisen Wellen,
Hinüber –
Zur funkelnden, großen,
Weiten Faszination
Am Himmel in der Nacht.

Spuren von Meteoren,
Perseiden fliegen sacht,
Erreichen nicht das Niveau
Des Sternregens
Aus dem Sternbild des Drachen,
Doch reichen aus –
Um sich unendlich klein zu fühlen.

Dann wandern Blicke weiter,
Auf der Suche
Nach irdischem Halt.
Und machen Halt,
Nach einer gefühlten Ewigkeit.
Angezogen, magisch,
Von menschlicher Wärme,
Leuchtende Augen,
So klar, wie Saphir,
Erhellen die momentane
Dunkelheit meiner Sphäre,
Nicht nur in mir,
Denke ich,
Während man das Leben
Nun doch wieder anders sieht –

Und neue Energie
So urplötzlich
Durch den Körper fließt.

Woran können wir uns jetzt festhalten?

Stadtlichter

Kurze Tage, lange Nächte,
Verschwommen, Grau.
Im Nebel der Einsamkeit,
Trag in mir: eigene Rechte,
Der lange Weg zu dir.
Hindurch kalte, asphaltierte Wege,
Ohne Rast, streif umher,
Geheime Nacht,
Sie funkelt, leuchtet stark –
Das rettende *Wir* –
Letzte Hoffnung am Tag.

Traumnacht

Hier schwebe ich, grenzenlos frei.
Hier fliegt mir alles Leben zu,
Unendliche Fantasien dabei.

Hier, entwickle mich im Nu.
Große Hürden, überspringe leicht,
Anerkennung ist mein Clou.

Meine Bewegungen, so seicht,
Ebnen mir den graden Weg,
Der mir hier so göttlich gleicht.

Neue Gedanken, die ich heg,
Beflügeln mich, verzaubern,
Erreichen niemals mich zu spät.

Doch jetzt: Mit lautem Schauern,
Löst sich mir der Traum, bin wach.
Was bleibt zurück – Bedauern.

Wie hätte gern nur weitergemacht,
Bin nun konfrontiert mit Wirklichkeit,
Doch frei – bloß weiter in der Nacht.

Neonlicht

Abends
Haben wir uns getroffen,
Erhoffen unendlich
Leben, in ekstatischen Zügen,
Von jugendlichen Bildern
Fasziniert, geblendet,
Gefährlich unsere Handlungen.
Die Gefahr:
Nicht parzelliert,
Auch wenn wir viele sind,
Im Rausch nehmen wir nur
Den heißen Asphalt
Und laute Motoren wahr.
Hier,
Wo Beats vibrieren
Im schnellen Takt,
Mit hartem Bass,
Auf rasanten Rädern
Rasen wir glutentfacht,
Durch die erhellte
Und lebhafte Innenstadt. –
Mit guten alten Vibes
Und getunten Bikes,
Auf lebendigen Straßen,
Wo jeder den anderen,
Und man sich selbst
Übertrifft.
Wo kein Limit herrscht,
Wo Drang nach mehr
Das Herz beherrscht.
Wir, versunken
In die weite Nacht hinein,
Auch fahren, cruisen, schweben,

Und mit Hauch von Gefahr –
Erleben.

Einst berauscht

Objektivität
Verschwimmt, entweicht,
Im Rausch ganz leicht.
Gestalten der Nacht
Tauchen auf,
Verschwinden,
Lösen und verbinden sich
Im Tumult der Straße.
Wechselnde Bilder
Gestalten in Zeitspule,
Das eigene,
Von Hoffnung und Begierde
Subjektive, Geschehen.
Schnelllebig,
Scheinbar ewig
Strudeln Menschen
Funkelnder Nacht entgegen.
Aus allen Ecken tauchen auf:
Studenten zelebrieren
Abschlüsse, blicken groß hinaus,
Arbeiter treffen sich in Bars,
Teilen sich das Whiskeyglas,
Gleichzeitig,
Suchen leicht bekleidete
Humorvolle Damen,
Kunden, die zahlen
Und andere Seelen,
Überhaupt nur ein Zuhause
Und ziehen weiter,
Mit allem, was sie haben.
Doch das hält den Strom nicht auf. –
Die Nacht,
Facettenreich spielt weiter laut.

Jeder auf der Suche,
Jeder fliegt im Rausch.
Vielleicht
Zueinander,
Und begegnen sich,
Wach im gleichen Raum. –
Gar nicht so erstaunt.
Doch nun:
Während ich durch die,
Zwar leuchtenden,
Doch einsamen Straßen lauf,
Sehe die einst
So wilden
Und belebten Bewegungen,
Nun nicht mehr. –
Muss das Hoffen lassen?
Ein letzter Blick –
Erinnerungen verblassen.

Im Viertel

Das ganze Viertel belebt.
In elektrisierender Abendluft,
Treffen sich junge Suchende,
Mit Drang und Lust
Im Herzen,
Nach Abenteuer,
Nach Leben, nach Erleben,
Romantik und Gefahr,
Durch den Abend
In unbekannte Nacht hinein –
Die Straße in Bewegung.
Abenteuer – ein Gefühl.
Durchfließt die Körper,
Zur Mitte hin wie edler Wein.

Im bewegten Viertel,
Immer mehr Lichter
Im Vertrauten gehen aus.
Größer wird der Kreis,
Die Begierde –
Spannung wird schnell
Und intensiv aufgebaut.
Wenn Blicke,
Sich hoffnungsvoll treffen
Und das eigene Herz,
Das Verlangen,
Im anderen gespiegelt wird,
Beide und alle nur funkeln
Und gemeinsam
Den Rausch der Nacht spüren,
Wohl genießen,
Bewusst im Moment,
Jugendlich leicht zu leben –

Doch nicht ahnend,
Dass es schon bald –
Das letzte Mal ist.

Zusammen mit Freunden,
Mit leichtem Herzen,
Mit Fantasie
Draußen sein,
Rennen, sich bewegen,
In Gefahr hinein,
Das Viertel auch erleben.
Ein Feuer machen,
Sich versammeln,
Über große Pläne reden,
Ein Baumhaus bauen
Und darin mit Freude leben.
Fußball spielen,
Ob Rasen oder Straße,
Nur auf allen Wegen,
Nach Hause kommen –
Und die Legenden erzählen.
Was für Erlebnisse. –
Was für eine Lebenszeit.
Magisch –
Magisch und so leicht.

Ich schreibe sie auf,
Erinnerungen, Flashbacks,
Schöne Gedanken,
Muss mich bedanken,
Für Liebe so frei
In jener Zeit.
So sanft, so elegant –

Fang sie ein und schreibe,
Nur im Moment,
Mit Füller in der Hand,
Vergangene Bewegungen auf.
Seh jetzt alle Wege
Und seh mich selbst,
Wie ich als Kind, mit Faszination,
Mein Viertel erlebe
Und seh mich selbst,
Am Schreibtisch,
Mit nostalgischem Blick,
Schreibe, doch schweife umher.
Reime, während die Zeit fliegt –
Mit Blick
Zum Ozean, zum Meer.
Und heute,
Woran es wohl liegt? –
Vermiss das Leben sehr.

Neue Gefühle

Wenn die Nacht löst ab den Tag,
So wie's der Mond am liebsten mag.
Wenn nächtliche Stille langsam naht,
Werden Sehnsüchte und Wünsche laut.
Du fühlst – was du nun brauchst.
Du erkennst – wie ist der Mensch gebaut.

Am nächsten Tage,
Leicht, so hoffnungsvoll,
Mit wildem, feurigem Herzen,
Erkennst dich gänzlich –
Für Liebe nur noch emsig.
Bewegst dich nun hinaus,
Nun erblickst die hohe Welt
Mit neuen, klaren Augen.
Dein Drinnen drängt hinaus,
Dein Leben, deine Haut:
So sehnsuchtsübervoll,
Und voller Träume.
Deine Augen –
Ein tiefes Meer,
Das jetzt so golden funkelt.

Sie weisen dir den Weg.

Und nun: bricht sie langsam an,
Neue – so längst erhoffte, wilde Nacht.
Ein Liebestrank durch deine roten Lippen,
Göttlich höchste Sphären, hoher Drang –
Das Leben, das zerrann,
Mit deiner Zunge nimmst es lustvoll auf.
Und Jahrhunderte: fliegen rauf und runter,
Und geben uns recht –

So nimmt die Welt,
Doch nun wieder ihren alten Lauf,
Das Gefühlte: wirkt – und ist echt,
Und die warmen Nächte –
Ein scheinbar unendlicher Raum
Für Leidenschaft.

Nachtbegegnung

Im nächtlichen Rausch
Pulsierender Stadtlichter
Und vibrierender Beats,
Sehe neue Gesichter,
Erlebe neue Gefühle. –
Es reißt in meinem Herzen,
Heiß,
Denn aus der Menge,
Plötzlich
Tauchst du auf –
Die Sehnsucht meiner Haut,
Verstärkt das, was ich fühle –
Und nun,
Da ich deine Gegenwart,
Gewaltig
Am ganzen Körper spüre,
Werd ich gänzlich wieder wach. –
Mein Innerstes:
Nun wirkt wieder laut.
So magisch
Fliegt zu mir – in dreifach Mach.

Macht mich lebendig,
Unbändiges Verlangen,
Erreicht mich – mit starker Regung.
Und Gedanken schießen durch den Kopf –
Hoffnungsvolle, helle Gedanken
In meist so dunkler Nacht.

Und weiß es so genau:
Rasant
Entschwebt die Zeit in der Nacht,
Doch da, der Moment:

Über diesen gemeinsam gewacht,
Scheinbar – doch wie dem auch sei.
Schnell besinnen,
Schnell jetzt handeln.
Denn schon im nächsten
Kosmischen Augenblick,
Könnte ich wieder alleine,
Und ganz ohne Halt –
Durch die weiten Nächte wandeln.

Ihr Zauber

Augen, funkelnd, treffen sich,
In dunkler Nacht ein warmes Licht.
Ein tiefes, echtes Verlangen,
Geweckt durch rote Wangen.

Hab schon nicht mehr dran geglaubt,
Oft geflüchtet in meinen Traum.
Oft geflüchtet in die Nacht,
Die größten Abenteuer bedacht.

Ein aufgeregter Blick
Und dieser mit Vertrauen,
Ein Gefühl –
Gemeinsam Sterne schauen.

Denn was katapultiert mich
Von kreisender Gedankenwelt?
Allein ihr Zauber,
Die Berührung –
Die mich jetzt am Leben hält!

Pläne schnell geschmiedet,
Beidseitig mit Begierde,
Zweiseitig ist der Tag,
Eine lange Nacht,
Verführerisch –
Vor ihrem ewigen Start.

Gemeinsame Momente

Wenn du ihr in die Augen schaust,
Wird es dir so leicht bewusst.
In kalten Zeiten, wo du früh erwachst,
Allein strebst, hart arbeitest,
Und allein nach vorne gehst,
Wird die Relevanz für Liebe
Immer stärker – nur größer und größer –
Als hätte ich es schon gewusst.

An verunsicherten Tagen,
Mit philosophischen Fragen,
Über einsame Plagen,
Gibt es nur eine Heilung,
Wohl nur einen Weg –
Er wird mir dann bewusst,
So stark.
Als ich ihre warmen und hellen,
Und funkelnden Augen sah,
Dankte ich dem Leben,
Als spürte jemand, göttlich,
Was ich brauch –
Denn dies,
Fühlte ich ganz nah,
Fühlte Liebe,
Schwebend,
Eingehüllt –
In magischem Hauch.

Fantasie

Rückkehr

Funkelndes,
Unübersehbares,
Einst so spürbares,
Gigantisches Leben,
Dessen so eindringlicher
Diamantenklarer Glanz,
Mit entscheidender Relevanz,
Umgab jegliche Sphären,
Schwirrte in allen Köpfen umher –
Vom Ritter zum Knappen,
Vom König zum Heer.

Denn zu schützen
Das eigene Reich,
Umfasste jeden geschworenen Eid,
Bis zum Himmel –
Bis zu allen Göttern weit.

Manchmal wohlgesonnen,
Wohl doch meist gefährlich!
Sie hatten die Lüfte gewonnen,
Kein Ritter nur entbehrlich:
Für intensive,
Geheime Offenbarung,
Die wiederkehrt,
Mit Flammenglanz.
Mit dem,
Was so unausweichlich
In heller Nacht,
Am Himmelstor,
Mit lautem Schrei, erscheint.

Nur wenn er
Und dieser sich,
Mit atmendem Mythos vereint,
Lebt, leuchtet
Hoffnung noch in allen Augen,
Beflügelt so, verzaubert
Das Innerste mit Mut,
Entfacht erneute Glut –
Kampfesgeist und Wut.

Der Waffenschmied
Als Bestandteil der Feste,
Hat schon längst mehr keine Wahl.
Er fertigt schnelle Bögen,
Und scharfe Schwerter –
Aus Drachenglas und valyerischem Stahl.

Königsschützen positioniert,
Mächtige Magier sind involviert.
Hoch ragt die Burg hinaus
Und blickt in dunkle Wildnis raus.

Dort, wo Elfen unterwegs,
Mit tödlichem Pfeil.
Dort, wo der Phoenix schwebt,
Als ewig lebender
Und erneuerbarer Bestandteil. –
Des wiederkehrenden Lebens.

In eine längst vergessene Welt,
Tauchst du nun völlig ein.
So wie sie lenkt,

Wird es alles –
Doch bloß nicht sicher sein.

Denn sagenhafte Mythen,
Gefährlich –
Hier werden sie Wirklichkeit.
Ihr unbekannter Glanz,
Mysterien im Gewand
Scheinen jetzt weit und breit.
Und mit weiten Flügeln
Schlagen sie aus,
Wohl faszinierend –
Ragen sie doch hinauf.

In Lüfte
Göttlich hoch
Und in alle Täler weit.
Sag, bist du selbst:
Wenn ein Donnerdrache ragt empor,
Die Nacht, durch Blitzschlag hell –
Für epischste Abenteuer bereit?

Ritterrüstung

Zur Schlacht
Reitet er mit schnellstem Ross.
Mal mit zweihändiger Klinge, feurig,
Mal mit Gildenbogen aus der tiefen Nacht
Taucht er auf. –
Unbesiegbar.

Im Kampfgeschehen,
Mit Geschick und Kopf,
Wendet, dreht sich schnell,
Seine goldene Rüstung,
Undurchdringbar. –
Funkelt.

Siegeszüge gefeiert, glorreich,
Am Abend leicht mit Rum und Wein,
Wie edel kann ein Ritter sein?

Kann ich denn selbst,
So tapfer nur agieren?
Beim nächsten Sturm der Feste,
Ganz ohne Zauberkette –
Kämpfe, renne,
Trotze kühn der Feindeshand,
Mutig, stark nach vorn.

Gefühlt bin ich bereit,
Nun mich zu beweisen.
Wenn ich doch nur bloß,
Seine Habe hätte –
Ums auch der Welt zu zeigen.

Die Drachen

Sterne voller Leben
Leuchten und bewegen,
Sich rasant
In dunkler Ewigkeit.

In jener Zeit,
In der selbst große Könige
Mit stärkstem Schwert und Schilde,
Nutzten jede Möglichkeit
Und jede Magiergilde –
Um den pulsierenden Himmel zu bewachen –
Um sich zu schützen, vor großen, mächtigen Drachen.

Denn nicht nur Himmelsdrachen, äußerst leicht,
Erklommen hohe Himmelssphären weit.
Mit lautem Gebrüll,
Eiskaltem Blick
Und donnerndem Schrei,
Regierten sie selbst,
Als intelligente Herrscher der Lüfte,
In weit zurückliegender Zeit. –
Welche nun, so scheint's,
Und von Gelehrten prophezeit – wiederkehrt.

Geachtet vom Drachenblut,
Gefürchtet, von allem anderen, was atmete und lebte,
Ragten sie, mit gewaltigen Flügeln,
Für weite Flüge stark heraus –
Und kämpften
Für Gold und alleinige Herrschaft,
Ohne sich zu zügeln, laut.

Kommt bloß jemand,
Den riesigen Drachen
Gefährlich nah –
Ist das, was naht,
Magisch wie im Magierrat.
Ein kleiner Funke erst,
Dann bebt die Erde,
Gewaltig, lauter Donnerknall –
Rasend tödlich schnell, entwickelt sich,
Mächtig nun der Feuerball.

Elfen

Seit ewiger Zeit
Im tiefen Grün,
Legenden, wie um den Nil.

Sie schießen weit,
Die Pfeile blüh'n
Mit Rüstung aus Mithril.

Sie sind die Könige am Bogen,
Springen weit, sehr leicht,
Bewegen sich schnell.

Andere Könige nur logen,
Ihr Gemüt ist seicht,
Ihr Glanz scheint hell.

Hast du schon einen gesehen? –
Bei allergrößter Not
Können sie dir helfen.

Sie lenkten das Geschehen,
Die Augen grün und rot –
Die mythisch goldenen Elfen.

Schattenwolf

Lange galten sie verschwunden,
Doch lebt der Mythos, nicht erfunden,
Mythisch heilen sie meine Wunden,
Ihr Heldenglanz und Mut –
Verzaubert.
Ihr Fell meist grau,
Die Augen blau,
So klar wie Saphir.
Loyal sind sie zu dem der sie führt
Und tödlich –
Wer bloß den Herrn berührt.

Schnell wie dunkle Schatten
Tauchen auf,
Gefährlich groß,
Nun aus der tiefen Nacht.
Und greifen an,
Aus vollem Lauf
Doch taktisch wohlbedacht.

Auch im Schnee,
Welcher funkelt,
Und in tiefen Weiten
Fühlen sie sich zu Hause.
Man munkelt –
Sie begleiten
Und schützen tapfer dich,
Ein Leben lang
Und ohne Pause.

Droht Gefahr,
Naht der Feind,
Hilft er schnell dir weiter!

In jeder Not,
Als Freund bereit.
Mein Schattenwolf –
Mein treuester Begleiter.

Nachts am Glockenturm

Melodische, helle Strophen
Klingen, hallen in die Nacht hinein.
Wie komponierte Noten,
Romantisiert die Nachtigall,
Bestärkt, befeuert Zweisamkeit,
Belebt die Nacht mit Sehnsuchtsschweifen.
Selige – verlorene Gefühle,
Die mich letztlich noch erreichen,
Nur für einen Moment:
Denn sie werden von dunklen,
Sich schnell bewegenden
Und unbekannten Schatten,
Hoch oben –
Am Glockenturm, verdrängt.

Was springt von Dach zu Dach,
Mit Feuerblick, in tiefer Nacht
Und zeigt sich nicht,
Wohl ragt empor,
Mit Zauberkraft –
Ein schwarzer Magier – tritt hervor?

Schau! Das Himmelstor
Zu dessen göttlichen Höhen
Ich so eifrig strebte,
Bewegt sich ungewohnt –
Mit neuer Offenbarung?
Ein Hinweis,
Ein Zeichen:
Muss ich fürchten,
Kann ich hoffen,
Soll ich mutig, lebhaft wagen? –
Wollen die Götter mir was sagen?

Dann verschwinden die Schatten,
Lösen sich auf –
Blut tritt aus!
Ein wenig,
Aus den Strömungen
Der Einzelnen,
Die durch die Nächte
Mit Verlangen wandeln.
Verdächtige Stelle,
Die Spur am Nacken,
So eindeutig und klar!
Nicht die mythische Morgenröte,
Auch kein Hexenmeister –
Und so lange her,
Dass ich Vampire –
Mit eigenen Augen sah.

Dann wieder Stille
Und Schatten lösen sich auf,
Erneut.
Blicke schweifen umher,
Blicke zum Glockenturm,
Spitze wieder leer.

Einer treibt ein Spiel!
In verschiedenen Gestalten,
So scheint es mir,
So ist es hier!
In mehreren Sprachen,
Demonstriert Macht,
Überlegenheit.
Wer ist's,
Wer kann's bloß sein,

Der hier zeigt,
Das Menschensein?
Ihr Treiben:
So verwirrend, klein,
Im Kontrast,
Das Göttertum:
So kraftvoll und rein,
Wie roter edler Wein.
Wer ist so feurig
Und wild nur in der Nacht?

Denk an Babylon
Und ruf laut aus:
Ich gebe auf!

Und Marduk erscheint.

Drachenblut

Kann mein großer Herrscher
Feurig-wilder Drachen,
Einzig und allein
Ihr hitzig' Temperament,
Mit kühlem Kopf bewachen?

Selbst ich, fleißiger Rüstungsschmied,
Leb lang genug mit Mut groß auf.
Hoch im Turme jeder sieht,
Täglich steigen sie hinauf.

Wenn dies nur blühend wahr,
Was in jenen Schriften steht.
Einen Freund erkennen sie klar,
So wie Grün im Winde weht.

Hab alles bloß studiert,
Meine Absichten sind rein.
Bald werde ich der Erste,
Ganz ohne Adelstitel –
Doch in höchsten Sphären sein.

Heut Abend schon will ich fliegen,
Auf Donnerdrachen lang und weit.
Will's der Welt beweisen
Und glaub – ich bin dafür bereit.

Gleich schon nach dem Tagewerk,
Ein Schluck vom starken Met macht Mut.
Fasse mir ein großes Herz:
Ich seh den Drachenfelsen schon,
Sind sie heute sanft und gut?

Der Moment ist nun gekommen:
Blicke ich jetzt in meine letzte Wahrheit?
Das riesengroße Wesen,
Für viele Ungeheuer,
Böse, ungestüm, gefährlich,
Erhebt sich,
Zeigt sich in ganzer Gestalt,
Baut sich vor mir auf,
Schaut mir tief in die Augen –
Wartet –
Beugt sein Haupt –
Elektrisiert stehe ich da
Und bin doch – ganz ruhig.

Merkwürdige Vertrautheit
Durchfließt meinen Körper schnell.
Kletter auf den Drachenrücken.
Wir heben ab
Mit gewaltigem Schub,
Der Himmel leuchtet hell.

Mit aufgeregt-strahlenden Augen,
Erkunde weiten Himmel,
Neue Farben, neue Düfte,
Nehme ich jetzt wirklich wahr.
Bin großer König nun der Lüfte,
Ob das wohl jemand kommen sah?

Doch nun!
Jetzt!
Lautes Schreien! Donnerknall.
Der Drache, meiner,
Wendet, rüttelt,

Schüttelt sich umher.
Kann kaum mich halten noch
Und stürze wohl ins Meer. –
Ob die Götter mich beschützen werden?

Dann!
Es kommt etwas hergeflogen,
Schnell,
Ein rotes Wesen, riesengroß.
Ein rot-goldener Feuerdrache,
Mit den größten aller Flügeln
Macht sich von der Erde los. –
Der König erscheint. –
Der Donnerdrache beruhigt sich.

„Ha, Ha, Ha,
Hast du geglaubt,
Du kleiner Narr,
Könntest einen Drachen
Auf ewig kontrollieren?
Nur mir ist es bestimmt,
Dem König,
Drachenkräfte sicher zu forcieren.

Dies soll dir eine Lehre sein,
Denn befreien,
Musst du dich nun selber.
Mit deinem Schicksal,
Lass ich dich allein,
Doch schwöre ich dir:
Gelingt dir eine Rückkehr –
Wirst Du –
Der neue König sein."

Sobald der Feuerdrache fort,
Geht das wilde Ringen,
Die gefährliche Unruhe, weiter.
Steuert zu auf einen neuen Ort,
Die Hände mir gebunden –
Bin wohl doch kein Drachenreiter.

Etwas einfallen muss mir schnell.
Erscheinen jetzt auch,
Zwei weitere Drachen,
Einer dunkel, einer hell.
Doch zu überleben – ist mein Eid,
Zum Sterben bin noch nicht bereit.
Das Buch!

Ein Gedankenblitz,
Der mir nun im Kopf erscheint.
Habe doch studiert,
Gelesen,
Über Legenden,
Das Drachenblut! –
Einer in tausend Jahren –
Welcher sich mit Drachen vereint.

Wie waren nur bloß
Die magischen Worte,
Die es auszurufen gilt,
Um sich zu zeigen,
Zu verbünden?
Bei jedem, der es wirklich ist,
Dem es in den Adern liegt,
Soll's wirken.

Doch ob's klappt
Und ob ich's wohl sei? –
Wohl alles Spinnerei.

Just in dem Moment
Landet der gewaltige Drache
Auf dem Felsen,
Wirft mich ab.
Prall zu Boden,
Taumel rum –
Benebelt auf dem Grund.

Fang mich nun,
Steh jetzt auf,
Erschrecke!

Drei gigantische Wesen:
Ein Feuer, Eis und Donnerdrache,
Erscheinen
Vor mir, Erstarre –
Haben mich anvisiert,
Muss mich wohl beweisen,
Jetzt zählt's,
Mit Wissen sehr versiert.

Spüre Mut.
Jetzt,
Ich fühl's
Und ich probier's.

Ignis!
Glacies!
Tonitrus!

Und die Drachen:
Alle drei,
Beugen sich
Vor mir nun nieder
Und schon wieder,
Altes Vertrauen,
Neue Kraft und neuer Mut,
Erblühen in mir,
Die Legende wahr–
Und ich –
Wahrhaftig bin das Drachenblut!

Jetzt mach ich's wahr:
Mit neuen, großen
Und echten Gefühlen,
Fliegen wir los, schon gleich.
Ein Leben lang im Dunkeln –
So wartet auf mich nun –
Mein eigenes Königreich.

Philip Bartetzko ist seit vielen Jahren künstlerisch rund um das Dreiländereck aktiv. Nach seiner Ausbildung bei der niederländischen Konzertpianistin Renée Derks spielt er bei Veranstaltungen in Deutschland und den Niederlanden, wirkt bei studentischen Theaterproduktionen mit und begleitet Sänger*innen auf dem Klavier. Darüber hinaus befasst er sich mit dem Thema Klavierimprovisation und komponiert Solostücke. 2020 erschien mit „Drinnen die Gedanken" sein Lyrikdebüt. Neben gesellschaftlichen Themen, wie unserem Umgang mit der Natur, Liebe und Selbstfindung, beinhaltet sein erster Gedichtband auch ein Kapitel, welches mit originellem Humor überzeugt.